OBSERVACIÓN DE LO GENUINO

La idea del autor literario.
Entre lo legal y lo estético

Daniel Cabañeros Martínez y
David Mallo Montoto

Director de la colección:
Héctor Escobar

Cubierta:
G. P. Deshayes, *Coquilles Fossiles des environs de Paris*,
Leloy del., Lith. de Constans: T2 (pt. 21, 3)

Primera edición, abril de 2025

Diseño de la colección y composición: Martín Errand

Dep. Legal: Le. 28-2025

ISBN: 978-84-10057-83-8

Impreso en España — Printed in Spain

OBSERVACIÓN DE LO GENUINO

La idea del autor literario.
Entre lo legal y lo estético

Daniel Cabañeros Martínez y
David Mallo Montoto

ursa minor

Índice

INTRODUCCIÓN

HAY PALABRAS QUE AHORRAN MUCHO trabajo. Cuando C. Tangana se declara *artista*, como Lola Flores, nos evita circunloquios o explicaciones farragosas sobre la naturaleza de su actividad. Así parece ocurrir con la palabra *autor*. Tal vez la primera conserve un vago perfume de misterio y la segunda haya sucumbido al frío mármol de los tecnicismos legales o estéticos, pero en ambos casos sus presencias transportan un significado compartido por todos los hablantes del español. Bastaría, ante la duda de los exigentes, acudir al diccionario de la RAE para ventilar la posible incertidumbre. ¿Qué razón habría, entonces, para dedicarle al concepto de autor siquiera dos páginas de comentario? La razón estriba en que, una vez comenzamos a aplicar la palabra a casos particulares, aquella seguridad léxica se ve comprometida por una realidad heterogénea, cambiante y huidiza. ¿Podría afirmarse que una inteligencia artificial es autora de una obra (artística, literaria o científica)? ¿Podríamos convenir que un *collage* tiene un solo autor (y no múltiples, si nos atenemos al origen de los pedazos con que se compone la totalidad resultante)? Probablemente, el sólido acuerdo de partida se desvanecería al entrar en este tipo de cuestiones. Ello demuestra que la palabra *autor* nos sirve de auxilio en la misma medida en que nos embriaga de una tramposa confianza.

Por otro lado, no es suficiente tener en consideración la heterogeneidad de materiales implicados en la idea para dar cuenta de su complejidad. También los ángulos desde los que se afronta su definición son plurales. Nos interesan dos: el legal y el estético. No puede obviarse, de acuerdo con nuestra elección, el hecho de que los juristas hayan tenido que enfrentarse a la determinación de la idea de autor con objetivos distintos a los de la teoría del arte. Con todo, las ideas de ambos campos parten de la misma realidad, se tocan aquí y allá, mantienen diálogos, discusiones, se separan y se reconcilian.

¿Cabe, en definitiva, la armonía entre la idea legal y la idea estética de autor? Este ensayo trata sobre ese idilio.

EL PUNTO DE PARTIDA

SEGÚN LA MITOLOGÍA CLÁSICA, EL TITÁN Prometeo robó el fuego del Olimpo para concedérselo a los seres humanos, a quienes había creado a partir del barro. De arcilla o no, los humanos (en particular, los *poetas*) guardaban cierta semejanza con su creador, puesto que las criaturas del titán eran capaces de traer del mundo ultraterrenal ciertas gracias secretas de particular atractivo para sus mortales congéneres. Sin embargo, tal capacidad fue, en realidad, comprendida como una pasividad. Platón, en su célebre diálogo *Ion*, aseguraba que la actividad del *poeta* poco tenía que ver con sus conocimientos o con la aplicación de una técnica compositiva o rapsódica; antes bien, el *poeta* solo conseguía embrujar a sus oyentes y atraerlos hacia sí como «trozos de metal al imán» cuando era poseído por entidades sobrehumanas. El furor poético inspirado le permitía «entregarse al ritmo, a la armonía, a la danza; y extraer la leche y la miel de los cursos del agua». El trance en que se sumía fortuitamente el poeta solo podía explicarse por la acción divina. La poesía, en definitiva, era resultado de una suerte de *revelación* canalizada a través del ser humano en la que el propio individuo ni pinchaba ni cortaba.

Esta visión de la creación poética, junto con un amplio espectro de factores laterales, no favoreció la aparición de la idea de propiedad abstracta o intelectual, ni de la idea de autor tal y como la entendemos hoy.[1] No es posible hablar

---

1   En la antigua Roma, la propiedad intelectual, tal y como la conocemos hoy en día, no existía. No se discernía entre objetos corporales (*corpus mechanicum*) y el bien intelectual (*corpus mysthicum*). Aclara Baylos Corroza que la existencia de esta indisoluble unidad entre objeto material y producción intelectual no suponía la ausencia de pertenencia de la obra al autor, ni que la usurpación de la paternidad, el plagio o la publicación sin autorización no fueran ilícitas. Baylos Corroza, H., *Tratado de Derecho Industrial: Propiedad industrial, propiedad intelectual, derecho de la competencia económica, disciplina de la competencia desleal*, Civitas, Madrid, 1993, p. 150.

de culto a la personalidad[2] de un literato en la antigua Grecia, en tanto que creador, por las razones expuestas. ¿Cómo sostener en aquel contexto que Esquilo, Sófocles o Eurípides fueron *creadores* (autores) de sus obras si su trabajo era identificado con el de un médium y, en el fondo, reducido al de simple cartero de las musas o los *dáimones*? ¿Cómo considerarlos propietarios de ellas si tales obras eran producto de posesiones divinas o, a lo sumo, fruto de un saqueo prometeico o desvergonzado?

Hubieron de pasar más de dos milenios para que en las leyes quedaran reflejados los derechos (morales y patrimoniales) que los autores tenían sobre sus obras en tanto que creadores y, por tanto, propietarios de ellas. Pero la adquisición de los derechos de autor por parte de los *poetas* está involucrada en un proceso cultural más amplio que desborda la esfera jurídica. Ello es así porque la propia aparición de la idea moderna de autor resulta de una revolución también en el campo teórico y estético de la literatura (y

---

2 La gloria de los poetas iba unida a la de sus mecenas y a cualidades no solamente artísticas, sino también semirreligiosas.

de otras artes, después). Incluso podría señalarse un origen parcial tal vez más humilde: el autor literario no sería sino una consecuencia de la evolución industrial de la imprenta y fruto de un discurso publicitario.

Pero dejemos a un lado el proceso multifactorial del surgimiento de la moderna idea de autor. Ahora nos interesa subrayar el objeto común de las consideraciones legales y teórico literarias en lo que respecta a la conformación del concepto. *De facto*, juristas, libreros, editores, escritores y teóricos de la literatura mantuvieron apasionados debates sobre el asunto desde ya el siglo XVIII, especialmente en Inglaterra. No es de extrañar que las leyes germinales en materia de propiedad intelectual nacieran precisamente allí, ante el estallido y efervescencia cultural que se vivió en la Ilustración. Aquellos juristas, se encontraban, sin embargo, limitados por el poder político, el cual había otorgado el monopolio temporal de la impresión (privilegios) a un número restringido de editores, protegiendo a estos y sus negocios —y en menor medida, a los autores—, y utilizando dichos instrumentos como forma de censura, recelosos de la publicación de pensamientos contrarios a sus ideas.

Y es que la solución que hallaron los legisladores isleños respecto de sus homólogos continentales nos viene a mostrar una dicotomía que siempre está en contraposición en la balanza de intereses: el derecho de los autores a proteger sus obras contra el derecho de la sociedad a acceder a esas obras. La búsqueda de una liberalización del mercado encontró dos respuestas distintas al problema principal. Por un lado, los países de la *Commonwealth* promulgaron (primero en Inglaterra, con el Estatuto de la reina Ana en 1710 y, posteriormente, Estados Unidos con la *Copyright Act* en 1790) sendos textos que reconocían al autor el derecho de copia sobre sus obras, con el objetivo final de impulsar en el ánimo creativo de los autores, como medida para el fomento y proliferación cultural, buscando en último término la protección del interés general en el progreso, el avance cultural y su accesibilidad. Mientras, en Francia, se disolvían los privilegios feudales en 1789, concediendo los derechos de reproducción a los autores de forma vitalicia y exclusiva, derivados del propio acto de la creación, como resultado de su talento y trabajo. En definitiva, mientras que los anglosajones abordaban la configuración legal desde la perspectiva de maximizar la producción cultural, y con ello proteger el interés general de acceso a la cultura; el legislador continental abordó dicha configuración buscando cuidar a los creadores frente a injerencias externas, protegiendo con ello el interés particular de los autores.

Retomando la cuestión de la heterogeneidad, los griegos utilizaban un término que ilumina con claridad la situación de la idea general de autor a la que aludíamos arriba: *symploké*. Esta palabra, similar a otras como *oplokós* (trenza, rizado), significa *entretejimiento*, *com-posición*. Supone un hilado de materiales diversos que permanecen com-binados, aunque no con-*fundidos*. Así, abordamos la idea de autor en tanto que tapiz compuesto por hilos de diferentes orígenes, de entre los cuales discerniremos los relacionados con su dimensión jurídica y los relacionados con la teoría del arte (y de la literatura, específicamente).

Para tener éxito en la tarea propuesta, necesitaremos deshilachar el tapiz. El lector puede estar tranquilo: se trata tan solo de una metáfora. No es, empero, una frívola licencia poética, sino una metáfora efectiva. La palabra *analizar*, etimológicamente, recurre al mismo artificio retórico. Así, *análisis* es un término compuesto por los formantes griegos *-lysis* (del verbo *-leyn*: desatar, soltar), por el sufijo *-sys* (acción de) y por el prefijo *ana-* (arriba, totalmente). Por tanto, en el contexto de recepción, como bien sabían Jan Mukarovsky y luego Hans Robert Jauss, el papel obligado del intérprete (lector, espectador u oyente) no es menos activo que el del creador, porque el *análisis*[3] de aquel (el *destrenzado* del tapiz) exige una postura tan enérgica como la *síntesis* de este (el *trenzado* del tapiz).

Según lo anterior, interpretar o analizar una obra requiere *ojearla por partes,* es decir, triturarla con la mirada, dividirla en segmentos visuales significativos. Con este propósito, llevaremos el tapiz del autor al taller de la teoría literaria. Y si a las puertas de nuestro taller bullera apremiante la exigencia de adoptar una po-

---

3   Pero, para decirlo con Lessing, si bien las obras plásticas (también nuestro tapiz) pueden admirarse enteramente mediante un solo acto de intuición simultáneo (artes espaciales, las llamó en su Laocoonte como contrapuestas a las temporales), la mirada del espectador puede recorrer la superficie de la obra en diferentes direcciones.

sición en cuanto a la posible determinación de lo jurídico por lo estético o viceversa, actuaríamos a la manera de Penélope para no tener que tomar partido. Pero nosotros no pretendemos evitar una tarea o dilatar un plazo. La empresa que enfrentamos es otra, a saber: corroborar, si es posible, que el concepto de autor en el terreno legal está elaborado también con los hilos estéticos de la teoría del genio creador, sin sugerir con ello ningún tipo de determinismo. En otras palabras, nuestra hipótesis se limita a sostener que la Ley de Propiedad Intelectual española (LPI), junto con la jurisprudencia y parte de la doctrina, ejercitan una variante de la teoría estética del genio creador.

TEORÍA FORMALISTA Y LEY DE PROPIEDAD INTELECTUAL: UN MATRIMONIO IMPOSIBLE

El autor como línea fronteriza

Desde el siglo XIX, el autor se ha convertido en uno de los elementos clave de los estudios literarios y artísticos en general. Tanto es así que incluso puede tomarse como criterio de demarcación entre los distintos marcos teóricos. Dado nuestro interés en defender la conexión entre la idea jurídica de autor y la teoría del genio creador, clasificaremos las teorías literarias disponibles (estas serán nuestro vehículo) atendiendo a ese mismo criterio. Se trata ahora de seguir una vía negativa de demostración y cancelar la semejanza entre la idea legal de autor y teorías alternativas a la del genio creador.

Si nos imaginamos la literatura como un gran mueble organizado en cuatro cajones (correspondientes al autor, obra, lector e intérprete), podemos clasificar las teorías de la literatura atendiendo, en primer lugar, al modo en que los estudiosos ven la materia literaria repartida entre cada uno de ellos. Para lo que nos interesa, debemos prestar atención al uso que dan al compartimento del autor. Básicamente, caben dos opciones metodológicas: usar el cajón o dejarlo vacío. En el primer caso, los teóricos protegerán doctrinalmente la figura del autor y considerarán la intensidad de las conexiones de este con su artefacto, de modo que la comprensión de lo creado se revelará inviable sin la comprensión del creador; en el segundo caso, los teóricos preferirán atenerse a las características constitutivas de la propia obra objetiva, sacando al autor del rango no solo de herramientas metodológicas, sino de objetos de conocimiento.

La teoría del genio creador, evidentemente, forma parte del primer tipo de teorías que ven el cajón del autor repleto, y con ellas se alinea también la idea jurídica de autor. Sería absurdo sostener que la LPI considera a la obra como una entidad completamente separada de su creador, puesto que la defensa de sus derechos toma cuerpo precisamente en virtud de la conexión entre ambos. Y, sin embargo, merece la pena indagar someramente en las teorías que dan la espalda al artista para medir distancias.

La novia: la teoría formalista

El Formalismo ruso rompe con la hegemonía romántica y positivista del siglo xix. El siglo que inaugura la Modernidad es gobernado despóticamente por el juicio de que el autor es tanto o más importante que sus obras. Al fin y al cabo, estas son piezas que se desprenden de aquel. Asimismo, es opinión común la existencia de seres humanos verdaderamente excepcionales, capaces de una elevación imposible para otros. Y si Novalis ha sido capaz de los *Himnos a la noche*, ¿de qué no será capaz? Aun es más, ¿de qué geniales maneras se conducirá en el resto de labores cotidianas? Novalis no bebe como el resto, no pasea ni duerme como el resto y, desde luego, no habla ni se relaciona como el resto. Cada vivencia y reflexión, cada sentimiento, cada latido en Novalis son extraordinarios bajo la mirada de los románticos, y constituyen nada más y nada menos que la cantera interna de su escritura. Por eso, los manuales de literatura incorporarán extensas biografías de los autores, justificadas porque ellos son los padres de tan extraordinarias criaturas. El Formalismo ruso representa, ya está dicho, una desviación por respecto de ese impulso personalista, y desahucia al autor de la obra. La esencia de la literatura no estará, para los formalistas, dentro del *poeta*, sino dentro de los *poemas*.

El Formalismo ruso, por lo demás, surge al calor de una explosión tecnológica y científica en los ámbitos de las telecomunicaciones, la lingüística y la semiología. Este desarrollo alimenta la tentativa de convertir el estudio de la literatura en una ciencia de pleno derecho. Tras desbrozar el campo literario de toda maleza ajena a su verdadera entraña (la *literaturiedad),* la obra literaria se revelará como una máquina autónoma: «Sabemos ahora cómo está hecha la vida y también cómo están hechos Don Quijote y el automóvil», había asegurado triunfalmente Shklovsky, formalista de primera línea. La analogía es sugerente: pocos se interesan por el equipo de ingenieros que diseñó el último BMW de la serie 5. Los nombres de sus integrantes no figuran en ningún lugar del automóvil, y son víctimas del mismo régimen obsolescente que su máquina. Nadie se acuerda de quién inventó la batidora o de quién diseñó el antepenúltimo modelo, ni falta que hace. Por el contrario, los autores de obras literarias surcan el tiempo con una dignidad y notoriedad opuestas a las de los ingenieros de un automóvil y, según los formalistas, si estos parasitan perennemente las criaturas que lanzan al mundo, se debe a un vicio atávico, a una cojera cultural que nos ha impedido alcanzar el meollo del arte.

«No hay poetas ni literatos, sino poesía y literatura», pontifica Ossip Brik, colega de Shklovsky. La severidad de sus palabras atestigua la indoblegable determinación de marginar al autor, de no invitarlo a la fiesta de la poesía. Ya no se trata solamente de dejar el cajón del autor vacío, sino de arrancar el cajón y tirarlo por la ventana. Las conexiones entre el autor y la obra quedan completamente obliteradas por principio bajo la férula del Formalismo. Según Brik, «todo lo que escribe el poeta es importante como parte de una tarea común y carece completamente de valor como manifestación de su "yo"», por lo que tampoco aceptan un presunto influjo del envoltorio cultural o social sobre la obra porque, si tal influjo fuera efectivamente determinante, los eruditos no se devanarían los sesos discutiendo si *Las mil y una noches* es una obra india, egipcia o persa, por ejemplo.

Esta apatía o antipatía contra el autor llega al extremo del asesinato con el Estructuralismo francés. Barthes es quien pronuncia la noticia de su defunción («el autor ha muerto»), pero se lava las manos: él no perpetró el homicidio. Pese a todo, quizá como autor de ultratumba, continuó engrosando el número de libros publicados por cuyos *royalties* recibía beneficio. La chanza con respecto a tan cáustica frase está regalada.[4]

---

4   Son abundantísimos los chistes que se han hecho sobre ella, casi siempre a costa de caricaturizarla, a cuya tentación tampoco nosotros nos hemos podido resistir. Aina Pérez Fontdevila ironiza señalando la gran foto de Barthes que cubre las portadas de varias de sus obras: el autor habrá muerto, pero aparece en la portada, solapa y contraportada en foto y firma, en cuerpo y alma.

La otra novia: LPI, ¿un formalismo jurídico?

En este punto, el lector (especialmente si es jurista) probablemente se encuentre barajando todo tipo de impugnaciones. Está claro que el amargo sabor formalista no está hecho para nuestros paladares. Se preguntará seguramente cómo es posible sostener esta insalvable distancia entre un novelista y su novela. Pero lo cierto es que algunos formalistas llegaron al punto de aseverar que el *David* de Miguel Ángel habría existido sin Miguel Ángel, o que el *Quijote* habría existido sin Cervantes. Brik espetó lo siguiente: «Si Pushkin no hubiera existido, *Eugenio Onegin* se habría escrito igual. América habría sido descubierta aun sin Colón». Esta sorprendente afirmación solo es posible traducirla del siguiente modo: otro individuo se habría alimentado de la misma literatura que nutrió a Pushkin o Cervantes y, necesariamente, le habrían salido novelas idénticas en lo esencial a *Eugenio Oneguin* y al *Quijote*. Shklovsky viene a subrayar esto mismo en una carta a un compañero, en la cual admite haberse ceñido a la madre de todas las influencias literarias: las que ejercen unas obras sobre otras. Dicho influjo es denominado por Senftleben[5] como *intergenerational equity*, el cual sostiene que los creadores actuales deben tener la misma libertad para recurrir a la panoplia de recursos intelectuales que tuvieron sus antecesores, de tal manera que todo autor está obligado a permitir a creadores posteriores a usar y disfrutar el fruto de su trabajo de la misma manera en que a él se le permitió acceder a obras ya existentes.

Ahora no es posible resistirse al siguiente ejercicio especulativo: ¿qué habría ocurrido si un grupo de formalistas rusos hubiera legislado sobre propiedad intelectual? Imposible saberlo. Pero sí sabemos que la doctrina de algunos juristas, como Vega Vega, es contrapuesta la de Brik: «Mientras una obra literaria cualquiera no se hubiera escrito de no haber nacido su preciso autor, en cambio las invenciones industriales hubiesen sido hechas casi todas, más tarde o más temprano, por otras personas» (Vega Vega, *De-*

---

5   Senftleben, M., *Copyright, Limitations and the Three-step test. An Analysis of the Three-Step Test in International and EC Copyright Law*, Kluwer Law International, Países Bajos, 2004, p. 38.

recho de autor, p. 42). Se comprende así que la semejanza estructuralista entre máquina y artefacto literario no logre echar raíces en el terreno legal. Para un jurista, tampoco es posible desconectar a la obra del creador, como adelantábamos al principio del capítulo.

A pesar del fatal divorcio entre formalismo y propiedad intelectual desprendido de lo anterior (y, lo admitimos, oficiado maliciosamente para nuestros propósitos), hay esperanza para una posible reconciliación, al menos si nos atenemos a un caso particular previsto por la LPI. Nos referimos al caso de las denominadas *obras anónimas o seudónimas*, recogidas en su artículo 6.2. Según el texto referido, no sería necesaria la existencia de un sujeto que ostente la autoría de una obra para dotarla de amparo legal. El autor, de este modo, resultaría prescindible para la constitución de los derechos morales y patrimoniales de propiedad intelectual; solo sería necesario un tercero que, con el consentimiento del creador (o con la ausencia de su veto), publicara la obra.

Si bien es cierto que este desprendimiento del autor no es absoluto ni categórico, en tanto su figura es clave, no solo en cuanto al consentimiento que debe prestar al tercero autorizado a difundir la obra, sino porque se deja a su voluntad el descubrir su autoría en el momento que crea conveniente, lo cierto es que puede colegirse que también desde el punto de vista legal la obra tiene cierta autonomía,[6] pues representa un valor en sí misma, sin necesidad de considerarla como expresión inseparable de su creador. Los legisladores, en definitiva, desean la proliferación y circulación de obras artísticas, literarias y científicas. Ello viene a refrendar la soberana libertad de *La vida de Lazarillo de Tormes*, el *Quijote*, *Eugenio Oneguin* y, puestos a enumerar, la de este mismo ensayo. Según Lipszyc, no obstante, tal liberación solo puede tener lugar si así lo considera el autor:

> La mención del autor debe hacerse en la forma que él ha elegido [...] pues la prerrogativa de que se identifique la obra con su autor es concebida como un derecho y no como una

---

6   Es cierta ocasión, según una anécdota mil veces referida, un director de escena rogó a Oscar Wilde que modificara el texto de la obra. Wilde, sin embargo, se negó arguyendo: ¿quién soy yo para modificar una obra maestra?

obligación de este, lo cual implica que el creador goza de la facultad de decidir si desea se haga tal asociación.

En todo caso, si el autor tiene la última palabra en cuanto al desvelamiento de la filiación entre su obra y su persona, significa forzosamente que el vínculo nunca se llega a borrar, aunque permanezca entre paréntesis durante el tiempo en que el autor mantiene su anonimato. En otras palabras, la obra solamente sería autónoma de manera parcial, porque lo que se suprime no es el vínculo entre esta y su creador, sino tan solo su explicitud.

En conclusión, no cabe armonía entre la postura jurídica y la postura teórico literaria de los formalistas. Pese a todo, nuestros esfuerzos no han sido en balde, pues nos brindan una enseñanza: ante una eventual denuncia por plagio (tal vez de un airado seguidor de Barthes, por ejemplo), ahora sabemos que no deberíamos, bajo ningún concepto, contratar a un perito formalista.

SEGUNDAS NUPCIAS: LA TEORÍA DEL GENIO CREADOR Y LA LPI

La misma estructura, el mismo laberinto

El concepto legal de autor mantiene consistentes correspondencias estructurales con el concepto de genio creador. Pero ¿qué es una correspondencia estructural? La palabra *estructura* ostenta una potencia legitimadora, una capacidad discursiva de dotar de fuste o gravedad al argumento y, además, de producir un cosquilleo agradable a quien la pronuncia. Por ejemplo, las desigualdades de compensación más urgente son las *estructurales*. Así, la discriminación puntual es indeseable; una discriminación abundante, peligrosa; pero una discriminación *estructural* es abominable. Por ello, la *reforma estructural* es la promesa preferida del político.

Por nuestra parte, no nos negamos a la complacencia del cosquilleo agradable, pero entendemos que conviene determinar el significado de la expresión, especialmente si se encuentra en la base de la postura defendida. En este caso, con *estructura conceptual de autor* queremos sugerir que el *autor* se enmalla en una red de términos con los que se encuentra indisolublemente vinculado en la definición. Piénsese en la pata de una silla: necesariamente, esta ha de tomarse como *pata de algo*, es decir, perteneciente a un serie de elementos que forman parte de un conjunto trabado, esto es, de una *estructura* (la silla); otro tanto sucede con el respaldo y el asiento. Ciertamente, existen estructuras de diverso tipo, pero nos topamos aquí con la curiosa coincidencia mencionada al principio de este epígrafe, y es que las estructuras definitorias de la idea legal de autor y la del genio creador convergen. Si lográramos probar esa correspondencia, y si de una estructura conceptual jurídica se derivaran además unos problemas particulares que asediaran del mismo modo a su gemela teórico literaria, sería legítima la sospecha de que ambos sistemas son, si no idénticos, sí equivalentes u homólogos. Levantemos paralelamente ambas estructuras en el papel y comparémoslas.

La estructura conceptual del genio creador surge a raíz de la secularización de la creación poética.[7] Si recordamos, los *poetas* (herederos de los primeros *vates*, sacerdotes visionarios o adivinos) recibían la asistencia de los *dáimones* (*genius*, en su versión latina) para elaborar sus composiciones literarias. Con el tiempo, esos dioses grecorromanos (y, más tarde, el dios cristiano) comenzaron a considerarse productos de la fantasía humana o de aparatosos procesos de abstracción; sin embargo, la testaruda existencia de la inspiración que permitía la irrupción de *lo nuevo* o *lo original* en un mundo ya manoseado era incontestable.

La estructura en la que se inserta el concepto de autor, por tanto, no es ternaria, sino

---

7   Existen numerosos estudios cuyo material ya certifica la trabazón entre el surgimiento del genio romántico y las leyes de propiedad intelectual. Consideraciones de este tenor, a modo de análisis histórico (como el de Martha Woodmansee o Edgar Zilsel, a distinta escala), a modo de recomendación desde el ojo del huracán (Edward Young) a modo de comentarios críticos (Tomás Pollán) proliferan por doquier.

cuaternaria, es decir, constaría de cuatro elementos: entidad divina inspiradora, autor, furor poético y obra. El siguiente paso en el inexorable avance del racionalismo consistirá, por tanto, no en negar la inspiración, sino en situar la fuente del soplo inspirador en el intelecto mismo de cada ser humano (y, a su vez, el intelecto en el cerebro). El *homo sapiens* no imitará lo divino ni lo canalizará, su creación será original: los *genius* somos nosotros. Acabamos de llegar al núcleo de la teoría del genio creador,[8] cuya estructura descarta el elemento espiritual y reduce a tres sus unidades: autor (el artífice), creación (proceso del que es capaz el ser humano) y obra original (novedad introducida en el mundo).

Books are the best of things, well used; abused, among the worst. What is the right use? What is the one end, which all means go to effect? They are for nothing but to inspire. I had better never see a book, than to be warped by

---

8   Tal es la fuente de la idea de autor literario o artístico de Kant, Fichte y Herder, por poner solo algunos ejemplos.

its attraction clean out of my own orbit, and made a satellite instead of a system. The one thing in the world, of value, is the active soul. This every man is entitled to; this every man contains within him, although, in almost all men, obstructed, and as yet unborn. The soul active sees absolute truth; and utters truth, or creates. In this action, it is genius; not the privilege of here and there a favorite, but the sound estate of every man. In its essence, it is progressive.[9]

Si estamos en lo cierto en cuanto al común tejido estético legal del concepto, estos tres mismos cruces de poleas estarán presentes en la LPI. El artículo 5 de esta reza así: «Se considera autor a la persona natural que crea alguna obra literaria, artística o científica». Es ostensible la ausencia de la voz original en esta definición, la cual, no obstante, se consuma en el artículo 10: »Son objeto de propiedad intelectual todas las creaciones originales literarias, artísticas o cien-

---

9   Extracto del discurso *The American Scholar*, realizado por Ralph Waldo Emerson, el 31 de agosto de 1837, en la Universidad de Harvard, Massachusetts.

tíficas (...)». Para mayor certidumbre, acudiremos a la Sentencia del Tribunal Supremo n.° 542 de 24 de junio de 2004: el requisito «(...) para que la creación humana merezca la consideración de obra, es que sea original». De nuevo, hallamos sobre la mesa tres piezas: autor, creación y original.

Esta concomitancia, empero, exige prudencia. A pesar de la simetría de elementos, bien podría suceder que las conexiones entre los componentes de esta estructura triádica no fueran semejantes en ambos casos. A fin de cuentas, los vínculos entre una pata y la guarnición (o asiento) pueden no ser de la misma naturaleza que los de una llave y su cerradura o los de un autor y su obra. Nos volvemos a encontrar aquí con una coincidencia sorprendente, puesto que las relaciones legales y estéticas (en el sentido del genio creador) entre autor, obra y creación son idénticas. En efecto, el carácter estructural de la tríada en ambas esferas se encuentra sostenido por vínculos de correlación o circulares, de modo que no solo ocurre que *autor* sea definido por un *proceso creativo* y una *obra original*, sino que la *obra original* es a su vez definida por el *autor* y por el *proceso creativo*.

De acuerdo con lo anterior, si hay una *obra original*, hay un *autor* (o *genio creador*); si hay *autor*, hay *actividad creadora* y, si hay *actividad creadora*, hay *obra original*. Este círculo se puede recorrer en dirección inversa y siguiendo órdenes alternativos. Por ejemplo: la *creación* es una actividad del *autor*, y el *autor* es artífice de una *obra original*; esta se considera tal porque es fruto de una *actividad creadora*, y así sucesivamente. Por otro lado, el aspecto estructural de esta tríada queda reforzado porque, una vez introducida la modificación de un elemento, los otros dos se ven modificados a su vez: si un *autor* no es tal, no habrá *creado*, sino *imitado* o *copiado*; si *imita* o *copia*, la *obra* no será obra *original* (y, por ende, no será obra según la LPI), sino *copia*, y así sucesivamente.

El terrible dédalo esbozado es en realidad un falso laberinto porque, si bien existen numerosos pasillos, la desorientación no es posible. Avanzando al albur se llega siempre al Minotauro sin necesidad de la orientación de Perseo. La cuestión espinosa, sin embargo, no radica en cómo llegar al centro abisal, sino en cómo entrar o salir del mismo laberinto. En otras palabras, ¿qué elemento es nuclear (incluso, diríamos, el primero del que se derivan los demás), cuál es la puerta de entrada a la tríada? La respuesta evidente es el autor. Solamente a partir del autor tenemos una actividad creativa y, eventualmente, una obra original, por lo que aquella pieza sirve de fundamento a estas dos. De modo análogo, podemos definir al hijo y al padre de manera circular, pero el padre preexiste al hijo. De nuevo, volvemos a toparnos con una comparación entre las duplas autor-obra y padre-hijo cuya naturaleza retórica no ha de considerarse como ingenua, pues su efectividad es asombrosa. Y es que la conexión correlativa o circular entre el autor y la obra se cimienta en una analogía biológica.[10]

De tal palo, tal astilla. Las conexiones

Ha quedado argumentado el carácter triádico y sistemático de los conceptos de genio creador

---

10   M. H. Abrams la consideró caso particular de una serie de analogías arquetípicas en su célebre *The mirror and the lamp*.

y de autor en sentido legal. Ahora es menester desentrañar los hilos que mantienen trenzados sus tres elementos. De este modo, ocurre que la idea de autor inscrita en el marco de la LPI, jurisprudencia y, especialmente, de parte de la doctrina, permite una lectura metafórica de carácter natural o biológica cuyo empleo se da de ordinario desde hace al menos tres siglos. Para disipar la sospecha de una interpretación extravagante por nuestra parte, puede sencillamente recordarse la expresión legal *derechos de paternidad*. Y si bien no es este un concepto puramente legal (pues no aparece en la LPI), sino más bien doctrinal, sí ejemplifica la fecundidad de las alegorías biológicas, cuya pregnancia y productividad son innegables en todo el territorio de las ciencias sociales.[11]

Como puede ya sospecharse por su etimología, el juego conceptual con lo biológico apuntala los muros de la teoría del genio creador. En su cronología, encontramos un hito a partir del

---

11   *Darwinismo social, organicismo, biocenosis, célula social*, etc., son expresiones de distinto alcance las cuales, en todo caso, se alimentan de sus homólogos troquelados primigeniamente en el campo de las ciencias biológicas.

cual el escritor comienza a albergar capacidades creativas hasta entonces reservadas a demonios o a la *natura naturans*. De ahí en adelante, no necesitará a etéreos huéspedes divinos, pues se habrá convertido él mismo en un *genio*. Esta circunstancia comporta una consecuencia fundamental: el poeta ya no transporta desde una dimensión transmundana los materiales que ofrece a su público, sino que los extrae de sí mismo. La obra es una prolongación del mismo autor que se extiende fuera de él como un tallo, una rama, una hoja...

La raíz griega (y luego latina) *gen-* ya hace referencia a ese poder generador de la *natura naturans*. Es tal la fertilidad de este formante léxico (el cual incorpora una suerte de metáfora lexicalizada) que el in-*genio* etimológico está regalado: la versión romana del *daimon* griego es el *genius o genio*. Según creencias paganas, el *genio se* adhería al neonato varón como un ente guardián (las mujeres tenían a Juno, también diosa del parto) por el resto de su vida, protegiéndolo y aconsejándolo *gen*-eralmente bien. Aunque, todo sea dicho, ciertos comportamientos antipáticos y levantiscos también eran atribuidos al mal *genio* quien, evidentemente, no resultaba infalible. En todo caso, errado o no, el *genio* permitía a los pro-*gen*-itores en-*gen*-drar nuevos individuos humanos, para lo cual les prestaba auxilio en la concepción, gestación y nacimiento. Por ese motivo, la conmemoración del alumbramiento, el cumpleaños, tomó la denominación de *día genial* (día del *genius*) y el camastro en que se concebía al *nasciturus* era referido como *lecho genial*, donde tenía lugar la *gen*-eración de nuevos individuos y el traspaso del material *gen*-ético gracias al notable papel desempeñado en la ocasión por los *gen*-itales. El genio creador, como su primo latino, también es capaz arrojar a la vida a un nuevo literato y darle protección.

El juego terminológico puede continuarse *ad infinitum*. Sin embargo, lo verdaderamente importante es la constatación del fulcro biológico o natural en la semántica del genio creador. La naturaleza se caracteriza por crear seres singulares, distinguibles gracias al signo de ciertas particularidades. Tan solo hace falta transferir esa potencia natural (o divina) al ser humano para entender la creación de una obra original y la relación indisoluble entre autor y la obra derivada de ese acto natal. Esta obra no será hija de su tiempo, sino hija de su autor.

Que las obras literarias constituyen el resultado de una potencia natural (el genio creador), por otro lado, no debe resultar sorprendente. Mario Biagioli subraya esa atribución de *propiedades de seres vivientes* a las creaciones humanas desde el siglo XVIII. Entonces se recurría a la metáfora de la tierra como primer caso particular de propiedad para salvar la nebulosidad del concepto mellizo de *propiedad intelectual*; análogamente, el intelecto o espíritu del poeta se explicaba como una suerte de parcela agrícola de cuyos rendimientos el autor era el único beneficiario, por ser ya propietario de la misma tierra (mente) en que crecían esos frutos (obras literarias). Incluso Joseph Addison, en algunos números del periódico *The spectator* (1711-1712), ofrecía una clasificación de tipos de genio aludiendo al trazo geométrico o selvático de los jardines franceses e ingleses, respectivamente. Tampoco deben resultarnos ajenas las competiciones poéticas llamadas *juegos florales* (una flor, un poema), o el célebre título *Paraíso cerrado para muchos, jardín abierto para pocos*, de Pedro Soto de Rojas.

Queda por justificar este mismo fulcro biológico en la vinculación autor-obra desde el prisma legal. ¿Acaso es este el mismo modo en que desde el frente jurídico se justifica la estrechadura de los vínculos entre escritor y obra previamente expuestas? La respuesta afirmativa exige matices. Pero así parece deducirse, por ejemplo, de las palabras del jurista Peña y Bernardo de Quirós: «Lla creación determina el nacimiento de la obra y la adquisición del derecho de autor» (comentario a los artículos 428 y 429 del CC, *Comentarios al Código Civil y Compilaciones Forales*, p. 747.) También lo hemos dicho ya: el nexo biológico (en sentido metafórico) hijo-padre y autor-obra se encuentra en la expresión *derecho moral de paternidad*[12] (arts. 6.1

---

12 También aquí puede suscitarse el asunto de la histórica desigualdad de género en términos de capital social y cultural relacionado con la autoría. Los autores crean, las autoras reproducen. Y ello porque la biografía, la esencia interna de los individuos femeninos, está atada al cuerpo (a funciones reproductivas) y dominada de manera particular por la especialización del trabajo. Existen numerosos trabajos que ahondan en esta cuestión, pero nos remitimos a la compilación *¿Qué es una autora?*, editado por Aina Pérez Fontdevila y Meri Torras Francés, publicada por Arco Libros en el 2019. Deseamos señalar que, en nuestro ensayo, utilizaremos la voz 'autor' en tanto que portadora de una serie de significados, es decir, en tanto que concepto, sin referente con-

bis del Convenio de Berna y 14.2.º y 3.º LPI). Otra cita que destaca explícitamente los vínculos[13] de que venimos tratando en tanto reconocen la obra como algo *propio* del autor (interno a él), es la siguiente de Plaza Penadés:

> El contenido de este derecho se concreta en la facultad, derivada del vínculo que se establece entre el autor y la obra en el momento de la creación, de exigir que en cualquier acto de difusión de la creación intelectual, comercial o no, figure o sea reconocible de manera clara e inequívoca la condición de autor.

---

creto (excepto cuando se indique). Téngase en cuenta además que, en la variante del español en que escribimos, se utiliza el masculino genérico.

13   Por supuesto, existe toda una tradición de debates en torno a los derechos de autor, de la personalidad, morales o industriales, de su carácter paleomonista o dualista, etc., en los cuales no podemos entrar. Basta con apuntar que el fondo sobre el cual recortamos nuestras disquisiciones es complejo. Pero nuestra intención no es simplificar el debate jurídico, sino desvelar sus líneas maestras en cuanto estas corren paralelas a las de la teoría del genio creador, sin que ellas hagan violencia a los necesarios pormenores técnicos.

Las conexiones entre el autor y la obra, en definitiva, son tratadas metafóricamente como biológicas también en el ámbito jurídico, y de ese gesto estilístico nos queda *stricto sensu* la indisolubilidad de los nudos: los vínculos son esenciales, inherentes a los términos, porque brotan de ellos. Por este motivo los derechos del autor sobre la obra se consideran inherentes, irrenunciables e inalienables. No puede renunciarse a la autoría de una obra del mismo modo que no puede renunciarse a la paternidad.[14] Incluso cuando un padre o una madre abandona a su hijo, los lazos de sangre, la herencia genética e incluso el ombligo insisten tercamente en la filiación. Paternidad y autoría representan líneas causales derivadas internamente de la actividad generadora.

En conclusión, no solamente tenemos, en el caso del autor legal y el del genio creador, la misma entidad estructural (autor, creación, obra

---

14   No en vano, en algunos periodos de la historia hay tendencia a confundir los derechos naturales con los derechos fundamentales. Gerald Stourzh explica el proceso de *fundamentalización* de los derechos naturales, contraponiéndolo al proceso de constitucionalización de los mismos.

original), sino que también observamos correspondencias relacionales (la obra es *parte propia* del autor sacada al exterior) expresadas mediante semejantes artificios retóricos (nacimiento, paternidad, *genio*, etc.). Esto parece reforzar la tesis de que la idea de autor legal y la idea del genio creador son muy cercanas. Todavía ha de probarse que las dos posturas tienden a generar dificultades similares. No cabe duda de la tarea que conviene encarar ahora: demostrar que el concepto de originalidad frustra la estabilidad de la construcción legal de autor en la misma medida en que lo hace con la del genio creador.

La originalidad de la obra escrita (...) reside en las líneas fronterizas que la separan de otra obra con la cual presente cierto parecido; según la riqueza de locuciones verbales, lo brillante o escueto de frases y sintaxis, el tratamiento del asunto o argumento como columna vertebral de su contenido, el estilo personal propio que refleja nítidamente quien es el autor y su nombre; es decir, todos cuantos detalles definen la obra y su creador, sin posibilidad de confundirla con otra. La característica de originalidad se hace más patente en los casos de plagio pues siendo la plagiaria copia de otra anterior carece de la condición de novedad por ser diversos los elementos sustanciales constitutivos de una y de la otra. La igualdad de obras excluye la originalidad de la posterior.[15]

15 Agúndez Fernández, A, *Estudio jurídico del plagio literario*, Comares, Granada, 2005, p.34.

«CREATURAS» ORIGINALES Y EL PARTO DEL ENTENDIMIENTO

LOS PARTOS, EN CIERTO MODO, SON TODOS monstruosos, pues dan lugar a la presencia en el mundo de un individuo nuevo, original. La teogonía griega sirve de ejemplo milenario. Recuérdese que Zeus fue sin duda un dios prolífico. Su prole habla por sí sola. Hay, sin embargo, de entre todos sus vástagos, uno cuyo nacimiento resulta especialmente sugerente: Atenea. Cuenta el mito que Metis, la primera amante de Zeus, esperaba una hija del dios griego a la cual, según el vaticinio de Gea y Urano, la seguiría un hermano varón que terminaría por usurpar el trono de su padre. Para evitar tal destino, Zeus se traga a Metis. Pero el tozudo *fatum* es implacable y el retoño germinal lacera la cabeza de Zeus. Este, estragado por un dolor insoportable, le ruega a Hefesto

que le propine un hachazo. De la cabeza tron-
zada de Zeus, entonces, se desprende una figura divina nueva: la radiante Atenea.

Los relatos mitopoiéticos de este tenor son
abundantes también fuera del politeísmo. Por
ejemplo, en la teología revelada cristiana, Eva
nació de la costilla de Adán. Tales explicaciones mitológicas probablemente respondan a un
conocimiento derivado de la mera observación
para la cual no se precisan alforjas científicas:
de un cuerpo animal se desprende otro cuerpo
animal nuevo (original) en un proceso de disgre-
gación, separación, *desincorporación*.

De algún modo, la creación artística en la ló-
gica del genio creador[16] es similar al parto[17] de
Atenea. Ya lo hemos señalado: el poeta singular
da luz a otra entidad singular con la que guar-
da continuidad sustancial, pues la obra resul-

---

16   La Academia atribuía al término, antes de las últi-
     mas modificaciones a partir de 2020, el significado
     de «establecer, fundar, introducir por vez primera
     algo […]» diferenciando además, dentro de dicho
     apartado, el significado figurado de «hacerlo nacer
     o darle vida».

17   'Erditu', en vascuence, etimológicamente significa
     «partirse por la mitad».

tante fue parte de él, carne de su carne. Edward Young, poeta inglés que formuló por primera vez en clave romántica una larga disquisición sobre la composición literaria original, se refiere a la constitución singular de cada individuo para probar la respectiva originalidad de sus propios vástagos: «[la naturaleza] nos trae al mundo como originales: no hay dos caras ni dos mentes iguales; sino que todas llevan la marca de singularidad en ellas». Así se intenta explicar la originalidad de que es capaz el *Homo sapiens*. Sin embargo, a pesar de la correspondencia buscada entre la generación (natural) y la creación (cultural, humana), en tanto que cursos productores de entidades nuevas no preexistentes, lo cierto es que el concepto de originalidad sigue adoleciendo de vacíos incómodos. La razón estriba en lo dudoso que resulta interpretar objetos culturales en general (y artísticos en particular) como un reflejo de la personalidad del autor; por no hablar de la intención de fundamentar tal reflejo en la continuidad sustancial de la que hemos hablado y a la cual se intenta dotar de solidez mediante el auxilio de parábolas biológicas.

Y es que las figuras retóricas, sin duda, sirven bien para la revelación de coincidencias insólitas entre términos diversos; sin embargo, a menudo tal desvelamiento lleva aparejado el riesgo de la confusión por identificación, de lo cual son conscientes tanto los juristas como los defensores de la teoría del genio creador. De hecho, podría decirse que la analogía biológica comienza a disolverse con la introducción intencionada, entre el autor y la obra original, del término *creación*.[18] La actividad creadora humana, salvando la del venerable y desafortunado doctor Frankenstein, no produce *criaturas* (sujetos, entidades zoológicas), sino *creaturas* (objetos, entidades inanimadas). La dificultad estriba ahora, una vez negada la posibilidad de fundamentar la originalidad al abrigo de la biología, en el

---

18 Señala Rodríguez Tapia, que la mención expresa que realiza el art. 10 LPI a la 'creación' como objeto de protección, en vez de emplear la palabra 'obra', no es una cuestión irrelevante, en tanto con ello el legislador esquiva determinar si las obras incompletas se protegen, así como el grado de acabado requerido o la determinación de cuándo una obra se encuentra acabada, en tanto es el autor o su fallecimiento deciden cuál es su integridad. Rodríguez Tapia, J. M., *Comentarios a la Ley de Propiedad Intelectual* (2.ª ed.), Thomson Reuters (Civitas), Cizur Menor (Navarra), 2009, p.120.

modo de explicar y definir la originalidad de las obras a partir de una energía humana espiritual o intelectual y en cómo operar pragmáticamente con tal definición.

Por desgracia, dentro de la LPI carecemos por completo de una definición del adjetivo *original* o del verbo *crear*.[19] Tanto es así que, cuando en esta ley se utiliza la expresión *obra original*, debemos, en primer lugar, remitirnos a su contrapuesto legal, *obras derivadas*. Como sostiene Sánchez Aristi, en *La propiedad Intelectual sobre las obras musicales* (p. 251),

> [...] no es seguro atenerse a la literalidad del artículo 10 cuando emplea la expresión «creaciones originales», puesto que la más probable función del adjetivo parece ser la de establecer un contraste con otros grupos de obras protegidas, conforme a los artículos 11 y 12 de la LPI, caracterizadas por ser obras deriva-

---

19   Igualmente parco resulta el uso por parte de los legisladores del término 'creación' en el art. 20.1.b) de la Constitución Española, en el art. L 111-1 del *Code de la propriété intellectuelle* francés o en la *Gesetz über Urheberrecht und verwandte Schutzrechte* alemana (§ 7)–.

das. Por ello la construcción de la originalidad como criterio de protección debe realizarse en nuestro sistema a partir de la jurisprudencia.

Como criterio de protección jurídica existen dos conceptos de originalidad:[20] la originalidad subjetiva y la originalidad objetiva. La primera se define atendiendo a las conexiones de la obra con el autor; la segunda, atendiendo a la desconexión de una obra con otras obras. Esta última es la herramienta utilizada por nuestra jurisprudencia para analizar si existe o no obra original en los casos de litigio. El Tribunal Supremo (TS) también se ha pronunciado sobre el asunto en varias sentencias; por ejemplo, en la Sentencia n.º 542 de 24 de junio de 2004:

> Según autorizada doctrina científica, el presupuesto primordial, para que la creación humana merezca la consideración de obra, es que sea original, cuyo requisito, en su perspectiva objetiva, consiste en haber creado algo nue-

---

20 Los cuales, en realidad, constituyen dos medios de probar la novedad y no propiamente dos tipos de novedad.

vo, que no existía anteriormente; es decir, la creación que aporta y constituye una novedad objetiva frente a cualquier otra preexistente: es original la creación novedosa, y esa novedad objetiva es la que determina su reconocimiento como obra y la protección por la propiedad intelectual que se atribuye sobre ella a su creador.

Se añade después que es necesario que la obra alcance un nivel artístico tal que la convierta en *distinguible, singular e individual;* aunque también se aclara en la misma sentencia que no procede confusión entre lo que forma parte del acervo cultural común y la «efectiva realidad inventiva que surge de la inspiración de los hombres y difícilmente, salvo casos excepcionales, alcanza neta, pura y total invención, desnuda de toda aportación exterior».

Evidentemente, estos comentarios, y especialmente la definición de originalidad mediante esos tres rasgos (singularidad, individualidad, distinguibilidad), no resultan lo suficientemente precisos. Por eso en cada proceso judicial la dificultad a la hora de aplicarlos se aparece de nuevo como un fantasma pelmazo. Otros juristas como Tanya García Sedano se hacen eco de posteriores subcategorizaciones de originalidad objetiva[21] las cuales, lamentablemente, no llegan a reparar las grietas de la ambigüedad a que nos referimos. A pesar de ello, la espinosa cuestión de la originalidad y el camino pedregoso de su determinación es el precio que ha de pagar la teoría del genio creador, pero también la LPI.

El problema de la originalidad

Creemos estar en condiciones de rotular el concepto de *originalidad* como un problema (y no menor) especialmente por su importancia como criterio jurídico para dotar de amparo a los autores. En este contexto, entendemos por problema la dificultad a la hora de explicitar los mecanismos precisos en virtud de los cuales una obra resulta nueva u original. Esta dificultad lleva aparejada la imposibilidad de una aplicación

---

21 Por ejemplo, la de originalidad objetiva parcial vs. originalidad objetiva absoluta.

sistemática (simétrica) del criterio. Como ya hemos indicado, la doctrina y la propia jurisprudencia intentan salvar el obstáculo, en primer lugar, por medio de subcategorizaciones (originalidad subjetiva u objetiva, total o parcial...) y, en segundo lugar, ofreciendo la enumeración de tres vagas propiedades ya citada.

En todo caso, conviene atacar organizadamente la elucidación del problema a partir de dos dicotomías que se encuentran en su base y que afectan del mismo modo a la teoría del genio creador (también denominado *genio original*): por un lado, la copia *vs.* original; por otro, la originalidad subjetiva *vs.* objetiva.

Copia vs. Original

Con respecto a este primer par y desde el punto de vista lógico, caben tres posturas:

a) negar la existencia de la copias puras pues, a fin de cuentas, dos entes no son nunca idénticos («no hay dos horas iguales», aseguraba Constable, un pintor romántico);

b) inversamente, es posible aceptar que existan solamente copias y que la originalidad sea acaso objeto de una creencia rancia y precientífica, o incluso un ideal descarriado por la ambición humana («¿Quién puede acaso crear una obra digna sin apropiarse, sin hacerse con algo de alguien que introducir y esparcir en sus obras?», decía Pietro Bembo en su defensa de la imitación ciceroniana);

c) por último, procede aceptar la existencia de obras originales al lado de copias, las cuales será preciso distinguir en cada caso particular.

El último posicionamiento, en tanto que término medio entre extremos, parece el más razonable por cauteloso, pero las suspicacias al respecto se adensan enseguida. Y ello porque arrastra las virtudes y vicios atribuibles a las otras posturas: ¿cómo insertar en el mundo algo que no existe ya dentro de él? ¿Dónde estaba esa singularidad antes de ser presentada o representada en el mundo sensible? ¿De dónde toma el autor las energías, planos y materiales necesarios para la construcción de tal obra?

El lector advertirá entre nuestras interrogaciones el preludio de una reflexión quizá bizantina y estéril. Y no está del todo errado, pues al pie de estas preguntas se abre el precipicio brumoso de la metafísica. Pero, por otro lado, estos interrogantes parecen brotar espontáneamente de la propia idea de originalidad y, sobre todo, de la idea de creación. Acaso una de las maneras de evitar el despeñadero consistiría en encontrar los antecedentes ideológicos de la creatividad original para comprender mejor su constitución actual.

Una primera pesquisa lingüística nos pone en la pista de la herencia mística y teológica del concepto de *creación*. En efecto, en el diccionario de la RAE, la entrada del verbo 'crear' posee como segunda acepción —recogida por la Academia en su vigésimo tercera edición— la de *producir algo de la nada*. «Dios creó los cielos y la tierra». Es esta la versión católica del furor poético griego aunque, en este particular sentido cristiano, se trata de un acto solamente al alcance divino. Ya en la última década del siglo XX, Juan Pablo II se apresuró a ponderar en su *Carta a los artistas* que, *stricto sensu*, la creación era una potencia divina conferida, eso sí, en un grado secundario o menor a los seres humanos. A diferencia de los *dáimones*, quienes elegían en qué cuerpo acomodarse, el dios católico dota a todos los seres de la capacidad creadora.

Esta idea de creación, como ya hemos apuntado en otros epígrafes con respecto al *genius*, también ha sufrido un proceso de secularización. La evolución, desde un punto de vista lógico, no reviste mayor complejidad que la de atribuir al ser humano algunas potencias de aquel dios, especialmente cuando la existencia de este último queda cuestionada, reclusa en la fe íntima de cada individuo o simplemente descartada. Según McMahon, «Los hombres de genio, como el Dios Padre, ahora creaban por sí mismos». (*Divine Fury: A history of Genius*, p. 91). La propia RAE ha intentado acaso revertir la mistificación inherente al término acogiendo en el *Diccionario* muy recientemente, como primera acepción de 'crear', la siguiente: *producir algo nuevo*. Con todo, esta definición sigue siendo oscura, puesto que *producir* y *nuevo* son solamente sinónimos de *crear* y *original*, respectivamente, de modo que los escollos permanecen irresueltos incluso en un terreno laico. Pero no sería justo exigirle a la RAE una teoría rigurosa sobre la originalidad y la creación. El DRAE se limita a reflejar el uso de las palabras las cuales, a su vez, son espejo de una cosmovisión socializada. Lo que sí puede afirmarse a partir de los datos del DRAE es que la secularización ya ha ganado prácticamente todo el terreno en liza. Ahora bien, a pesar de la racionalización o secularización, si el aspecto mágico de la creación divina radicaba precisamente en hacer aparecer algo *ex nihil*, ¿en qué consistirá la creación humana productora de novedades si ya no puede partir de *la nada*?

Originalidad subjetiva *vs.* originalidad objetiva

Hemos expuesto el problema de la originalidad a través de la oposición original *vs.* copia. Ahora cabe empeñarse en la misma tarea, pero redirigiendo el esfuerzo hacia la dicotomía originalidad subjetiva *vs.* objetiva. Es absolutamente urgente insistir en una aclaración preambular:

la originalidad no se subdivide en dos clases (objetiva y subjetiva). Nadie juzgaría las *Rimas* de Bécquer como originales en sentido subjetivo y *El diablo mundo* de Espronceda como original en sentido objetivo. Lo que sí resulta factible es arribar a la misma conclusión por dos caminos distintos susceptibles de ser rubricados de modo opuesto. De otro modo: la originalidad es una; los métodos para certificarla, dos.

En lo esencial, ya hemos explicado en qué consisten las dos vías. La originalidad subjetiva propone calcular la originalidad de la obra confrontándola con su autor (a la manera de un retrato); la originalidad objetiva pretende confrontar a la obra con el resto de obras. Si bien la jurisprudencia española —también está dicho— toma la segunda como su herramienta predilecta y es clara su preferencia al respecto, la doctrina no es tan unánime en su veredicto y ciertos autores, como Delia Lipszyc,[22] entienden la originalidad como una noción subjetiva, que expresa lo propio del autor, llevando una impronta de su personalidad.

---

22   *Cfr.* Lipszyc, D., *Derecho de autor y derechos conexos*, Cerlalc, Colombia, 2017.

Así, la línea objetiva busca la novedad dentro de la òbra, entendida esta como una aportación nueva respecto a lo ya existente (conforme a nuestra doctrina), o una variación distinguible respecto de lo ya creado (conforme la doctrina norteamericana), que reviste de una *altura creativa*[23] mínima —los alemanes acuñaron el concepto de *Gestaltungshöhe*, para referirse a esta cuestión— a la hora de valorar qué obras son originales.

Por otro lado, el método subjetivo busca la aportación de la personalidad del autor, como una marca de la individualidad de su creador o el sello de su personalidad[24] a través de la singularidad utilizada en la expresión.[25] Esta visión

---

23   *Vid.* Bercovitz Rodríguez-Cano, R., *Manual de Propiedad Intelectual*, Tirant lo Blach, Valencia, 2015, pp. 53-56. Entre otra jurisprudencia, la STS 25 de junio de 2013, recoge el mismo concepto a la hora de señalar las cualidades necesarias de una obra para revestir tal consideración y ser protegida por la propiedad intelectual.

24   Ruipérez Azucárate, C., *Las obras del espíritu y su originalidad*, Reus, 2012, pp. 59-60.

25   Erdozaín López, J. C., «El concepto de originalidad en el derecho de autor», en *Pe. i.: Revista de propiedad intelectual*, n.º 3, 1999, pp. 55-94; p. 85.

se ha recogido también por parte del legislador comunitario, quien por ejemplo, para los programas de ordenador, entiende la originalidad «en el sentido de que sea una creación intelectual propia de su autor» (art. 1.3 de la Directiva 2009/24/CE de 23 de abril), aspecto traspuesto literalmente a nuestra normativa nacional a través del art. 96.2 LPI. Otro ejemplo lo tenemos en la Directiva 2006/116/CE de 12 de diciembre, cuyo «Considerando 16» establece respecto a las fotografías, que se debe considerar original cuando constituya «una creación intelectual del autor que refleja su personalidad».

En cualquier caso, cabe señalar que la elección del sistema de valoración de la originalidad tendrá que ver más con el tipo de obra que se analiza. De este modo, Simón Altaba[26] sugiere que tiene más sentido utilizar el método objetivo respecto a las artes aplicadas o industriales, que respecto a obras artísticas, ya que en estas últimas el criterio de innovación pierde su funcionalidad.

---

26   Simón Altaba, M., *La creación musical y el derecho de autor: originalidad, plagio y tecnología digital*, Juruá Editorial, 2021, p.26.

Pero supongamos que debemos concluir si una novela es o no original. Para verificar la originalidad de la obra, habrá que realizar las comparaciones pertinentes con otras obras. En caso de que la obra sometida a examen salga airosa del careo con sus compañeras y brinde la seguridad de ser *distinguible*, *singular* e *individual*, podremos proclamar que es original, pues constituirá una novedad objetiva frente a otros objetos de su misma clase.

Giovanni Pico della Mirandola, un filósofo del Renacimiento italiano, envió una carta a uno de los fervientes defensores de la imitación ciceroniana, Pietro Bembo. En aquella misiva, el florentino sostenía la sangronería de las imitaciones mecánicas o simiescas y la pleitesía ciega a los antiguos del siguiente modo:

Hay algunos que no quieren solo parecerse a los antiguos al correr o al andar, sino que pretenden poner los pies sobre sus mismas huellas. Si los pasos de los antiguos fueran más grandes, igual que lo fueron sus cuerpos, ¿acaso podría un pie pequeño pisar con seguridad o, por el contrario, resbalaría en cuanto el suelo estuviera un poco mojado? O si sucediera que los pies de los antiguos fueran más pequeños que los nuestros, ¿no nos desilusionaríamos cuando se nos quedara medio pie fuera? ¿Quién podrá encontrar jamás una huella que sea de su medida? A menos, claro, que la saque de las ruinas de una zapatería romana. Y ya sabes que los antiguos tenían tantos pies como zapatos, por lo que no dudes, Bembo, que, aunque encontraras unas sandalias en medio de un antiguo tesoro escondido y te las pusieras, no harías que los críticos las creyeran antiguas. De eso se encargaría la envidia. Cualquier discusión terminaría siempre en determinar la distancia con el predecesor. Y no te las considerarían sino nuevas, es decir, incompletas e imperfectas en todo.

Para entender mejor cuál es el *modus operandi* del investigador objetivista, proponemos imitar al ilustre Pico, fiando nuestra exposición a los poderes explicativos del calzado y recurriendo al cuento popular de *Cenicienta*. En la versión difundida por Perrault, la joven doncella pierde un zapatito cuando huye de la fiesta apremiada por un perentorio sentido de la

puntualidad (o por la indescifrable arbitrarie-
dad de la magia). El príncipe, cuyo objetivo es
recuperar a la mujer de la que se ha enamora-
do, recoge el zapato del suelo. Al sostenerlo en
las manos, inmediatamente se da cuenta de que
es único, pues está hecho de cristal, al contrario del resto de vulgares zapatones que baten el
suelo en el salón de baile. Este primer procedimiento de confrontación del calzado cristalino
con el resto es el preferido por nuestros jueces:
se trata de tasar la originalidad por medio de la
comparación entre *objetos*.

El otro camino (el llamado subjetivo) habría
de recorrerse en un sentido contrario. En vez de
acudir al mundo de objetos literarios o nove-
lescos, sería preciso remontar el camino hacia
la interioridad del sujeto para asegurarnos de
que la obra le sienta como un guante (o como
una *pantoufle*, como diría Perrault). Una vez
certificada la pureza de un proceso de elabora-
ción intelectual no contaminado por añadidos
de factura ajena, podrá certificarse la originalidad. Volviendo al cuento de Cenicienta, este
segundo método, sorprendentemente, es asimismo el segundo trámite que el príncipe puso en
marcha. Ahora procedía descubrir quién era la

dueña del calzado. Para ello, el noble heredero al trono se embarcó en la ímproba empresa de probar el zapato en múltiples mujeres (todas prestas a caber en él), hasta que finalmente descubrió con alborozo, pues la muchacha no gozaba de sangre azul, pero sí de una gran belleza, que encajó como si el pie de la humilde Cenicienta *se hubiera amoldado en cera*. El zapato representaba la misma expresión de la singularidad pedestre de la hermosa criada. Porque si la *pantoufle* hubiera calzado en dos o tres mujeres más, ¿podría acaso haberse asegurado que la propietaria era nuestra triste protagonista?

Más allá de las dificultades intrínsecas de ambas metodologías demostrativas, parecería que, después de todo, las similitudes en el modo de entender la figura del autor por parte de los juristas y por parte de los defensores del genio creador terminan aquí. Y ello porque la visión del autor como genio creador se compadece mejor con la postura subjetivista la cual, sin embargo, queda cancelada como vía probatoria para los jueces españoles. Parece inevitable el divorcio entre el terreno legal (objetivista) y el terreno estético del genio creador (subjetivista). No es así.

Creemos que procede barruntar si la metodología objetivista no se encuentra fundada por su correlativa, de tal modo que cupiera concluir que ambas metodologías no resultan en realidad antagónicas sino solidarias, en el siguiente sentido: las dos caras de un folio son solidarias (no puede disgregarse una cara de la otra para pacificar dibujando a dos hermanos enfadados); las dos caras de la superficie de un globo de plástico son solidarias (no puede perforarse la cara externa y esperar que la cóncava mantenga indemne la forma e ingravidez del globo); significante y significado son solidarios (si se modifica el sonido *p* de *pato* por el sonido *g*, el animal pierde el pico y se vuelve arisco). Análogamente, si al comparar una novela con otras descubro similitudes decepcionantes (pruebo su falta de originalidad por la vía objetiva), tal novela, forzosamente, tampoco le sentará como un guante al espíritu o intelecto del autor (no será posible probar su originalidad por la vía subjetiva), y deduciremos que su proceso intelectual de composición literaria no ha sido verdaderamente individual. A la inversa ocurrirá lo mismo: si el proceso compositivo ha sido verdaderamente libre e incondicionado, el resultado objetivo será único y saldrá airoso de cualquier comparación.

Y, si ambas metodologías son solidarias, ¿no sería tan razonable pensar primariamente la originalidad objetiva como al contrario? En modo alguno. Para contestar la pregunta basta recordar lo dicho en los epígrafes en torno a la retórica biológica, que aquí sirve para descubrirle los costurones a la originalidad. El vínculo entre el autor y la obra es establecido en el mismo acto de nacimiento (creación) y tal vínculo preexiste a las ulteriores comparaciones entre la obra nacida y el resto de obras. La confrontación entre diversas novelas, por ejemplo, tiene como objetivo restituir la obra al sujeto porque la propia subjetividad, la identidad entre autor y obra, es la premisa de la que se parte incluso adoptando como guía la versión objetivista del análisis. La ley, los jueces y la doctrina pueden sacar al autor del foco, pero no pueden sacarlo de su plano de coordenadas. Lo mismo ocurre con la teoría del genio creador.

Exploremos, para finalizar, situaciones alternativas: si aceptáramos que una obra puede ser original en sentido objetivo pero no subjetivo, tendríamos serias dificultades para mantener el vínculo entre creador y obra original del que se deriva la propiedad intelectual. No ocurriría así con la inversa. De hecho, algunos autores como Croce han negado la existencia de géneros literarios (en cuanto galerías subterráneas que comunican grupos de obras en sus semejanzas, representan un verdadero reto para la originalidad individual), confiando la comprensión de la obra a la pura individualidad de su autor. Pero incluso si se exigiera probar la novedad de una obra mediante los procedimientos, uno no podría contradecir al otro sin arruinar el resultado de tal procedimiento y, en última instancia, el objetivo último radica en amparar no estrictamente a la obra, sino al autor a través de la obra.

CONCLUSIÓN

S I SE NOS PERMITE CONCLUIR CON LA SEMPITERNA retórica del parentesco, diremos que la teoría del genio romántico y la idea de propiedad intelectual son prácticamente hermanas. No solo porque nacieran a la vez, sino porque su fuente brota de una misma profunda crisis cultural. Comparten genoma y enfermedades congénitas. Pero no conviene obviar que, pese a ello, sus desarrollos no han sido enteramente paralelos, y en sus respectivos campos han enfrentado temibles enemigos doctrinales.

Tales enemigos se han revelado como amenazantes en ocasiones tan solo a fuerza de novedosos. En la Modernidad, la originalidad es garantía de robustez y vitalidad, lo nuevo es solamente superable por lo más nuevo (no necesariamente por lo mejor). Tal vez sea síntoma de la mercantilización global de la realidad y de sus exigencias de belleza y estilización, fundadas a menudo en una sencilla apariencia de renovación incesante. La reposición de la mercancía no puede replicarse de manera idéntica, sino que ha de reciclarse, ha de ofrecerse de manera siempre distinta. La energía de la originalidad lleva trazas de no agotarse.

En contraste con ella, los estudios literarios, de un tiempo a esta parte, se muestran exhaustos. El siglo XX ha contemplado un trajín de teorías, doctrinas y bandazos disciplinares cuyos alumbramientos han dejado estéril a la estética. La reacción ha consistido en aferrarse a ciertas visiones tradicionales de la literatura o al eclecticismo más irresponsable. Afortunadamente, todos los problemas aquí señalados se encuentran a punto de alcanzar una nueva dimensión gracias al desarrollo de la tecnología. Si no nos equivocamos, estos problemas vapulearán sistemáticamente la pretendida solidez de un buen puñado de conceptos, de modo que los fundamentos de algunas posturas literarias exigirán una revisión dramática. En otras palabras, las trincheras tradicionales de la teoría literaria y la doctrina jurídica en torno al autor (y al arte en general) amenazan ruina. Nos queda por ver si estaremos a la altura del desafío planteado por los nuevos tiempos.

EPÍLOGO
LA INTELIGENCIA ARTIFICIAL:
¿UN AUTOR MÁS?

S ERÍA COBARDE POR NUESTRA PARTE EVADIR la vigente polémica en torno a la inteligencia artificial (IA) y concluir nuestro ensayo antes de estas líneas. Debemos confesar que la tentación ha comparecido, no por la complejidad de una controversia nada pacífica que dista mucho de empezar a estar resuelta, sino porque este debate se presenta en forma de un *déjà vu* permanente en torno a cualquier innovación tecnológica que se manifiesta con el pérfido ímpetu (dirían algunos) de remover todo lo que ya estaba 'claro'. Otra vez ante la misma cantinela.

Evidentemente, ni nada estaba claro ni estaba cerca de estarlo, e igual que pasó con el fonógrafo, la fotocopiadora, el ordenador, internet o el último cachivache que llegó a nuestras manos; los derechos de autor entran en escena cuando la tecnología aporta una innovación que introduce la posibilidad de afectar los intereses de los titulares de dichos derechos. Detrás de esto subyacen cuestiones de índole ética (los derechos morales recogidos en el art. 14 LPI), pero, en nuestra humilde opinión, creemos que el grueso de la discusión obedece a una cuestión puramente crematística. Y es que, en un mundo capitalista y en la economía de mercado en la que vivimos, la clave de bóveda de casi cualquier polémica de estas magnitudes suele centrarse en el parné.

Con cierta razón, muchos argumentarán que las facturas no las paga el hecho de ser Fulanito o Fulanita —autor de una obra—, ni el reconocimiento por ella; las paga el capital que entra en la cartera por la explotación de esa obra. Claro está que la fuerza en esta contienda no la tiene el pequeño escritor que, desde su casa, observa impotente cómo el último ChatGPT de turno fusila sin pudor meses de su trabajo con una sencillez y velocidad abrumadora. La iniciativa (y el dinero) para liderar y dirigir la disputa pertenece a los grupos de interés que, a buen seguro, no tienen los problemas de liquidez del primero, pero que, desde luego, sí le pueden dar trabajo. Por si nos quedaba alguna duda, el mundo no es justo.

De este modo, asumiendo que cualquier escrito generado por una IA es susceptible de ser considerado una obra en los términos del art. 10 LPI, vamos a centrar la atención en los dos aspectos que nos parecen capitales a la hora de abordar este apartado. En primer lugar, quién debería ser el autor en una obra generada por una IA y, en segundo lugar, si esta podría ser considerada como original, en los términos que hemos expuesto previamente.

Respecto a la primera cuestión, nos planteamos si una obra requiere necesariamente un autor. Ya habíamos sugerido que las figuras de anónimo y pseudónimo no implican que no exista autor; al contrario, dejan claro que este sí existe, aunque desconozcamos su nombre civil. Igualmente, y ateniéndonos al tenor literal de la Ley (art. 1), el hecho generador de la propiedad intelectual es su 'creación', acto esencial que requiere ser realizado —según recoge expresamente dicho precepto— por el autor. Por lo tanto, prescindir de esta figura se nos antoja inverosímil e inviable, en tanto se precisa de un sujeto activo con capacidad suficiente para dar lugar a la concepción de la obra.

Siendo, por tanto, preciso un autor ¿quién debería ostentar tal condición cuando damos por sentado que una pieza literaria generada por una IA constituye efectivamente una obra? Las soluciones que se han planteado a nivel internacional son de lo más variopintas. La mayoría ambiciona encajar los nuevos paradigmas dentro de la estructura clásica que presenta la propiedad intelectual desde su concepción, buscando —como ya se hizo anteriormente— esquivar la bala y evitar la tarea de renovar todo el sistema, una faena ardua por la complejidad que reviste la armonización de todo el conjunto con las diversas legislaciones existentes a nivel global. De esta manera las propuestas suelen centrarse, por un lado, en otorgar los derechos a una persona natural que esté vinculada a la IA (programador, diseñador, usuario, propietario) o, por otro, buscar 'un apaño' en figuras ya existentes como los derechos conexos, el derecho *sui generis*, u otras de carácter anglosajón como el *Works Made for Hire* (WFH)[27] o el *Computer*

---

27   Copyright Act of 1976 (§101), en Estados Unidos.

Generated Works.[28] Unas y otras adolecen de los inconvenientes propios[29] que supone buscar un encaje forzado, encaminado a evitar la pregunta que titula este apartado y que, por incómoda, nos lleva a intentar acoplar a toda costa una visión analógica al mundo digital.

Y es que establecer un marco claro que dé seguridad jurídica a todas las partes intervinientes en el negocio de productos culturales es esencial de cara a evitar posibles prácticas engañosas. En este sentido, cabría preguntarse qué ocurriría si —deliberadamente— una empresa publicara un libro creado por una IA como anónima o bajo pseudónimo, buscando con ello ocultar que el proceso creativo ha sido realizado mediante *software* y, además, poder ejercer los derechos de la obra bajo el amparo

---

28 *Copyright, Designs and Patents Act 1988 (section 178)*, en Reino Unido, recogiendo la definición de «computer-generated»: *in relation to a work, means that the work is generated by computer in circumstances such that there is no human author of the work.*

29 *Cfr.* Ortego Ruiz, M., *Los Derechos de Autor de los humanoides en un mundo global e interconectado*, Reus, 2022, pp. 222-251.

del art. 6.2, el cual permite atribuir tales facultades a la persona jurídica que «saque a la luz» la obra con el «consentimiento» del autor, en tanto este no revele su identidad. De este modo, la compañía podría explotar los beneficios que surgieran de su mercantilización, regateando el requisito del art. 5 LPI (persona natural), ocultando este aspecto a sus eventuales clientes. Es por tanto considerable la necesidad de que, en el caso de que una obra literaria haya sido elaborada por una IA, se establezca el requisito de hacer público este hecho,[30] con la finalidad de dar una mayor transparencia a los potenciales lectores para que conozcan dicha situación y, así, evitar ciertas situaciones fraudulentas que podrían atentar contra la libre competencia en el mercado.

---

30   En la actualidad, el Reglamento UE por el que se establecen normas armonizadas en materia de inteligencia artificial —también conocido como Ley de Inteligencia Artificial (*Artificial Intelligence Act*)—, en su art. 52.3, obliga a hacer público que un contenido de imagen, sonido o vídeo ha sido generado de forma artificial o manipulado cuando modifique éste de tal forma que pueda inducir erróneamente a pensar que es auténtico o verídico (ultrafalsificación).

En esta pretensión de clarificar el horizonte, la duda que sobrevuela de forma constante en todo este asunto puede formularse así: ¿cabría considerar a la propia IA como un autor más? Si nos ceñimos a nuestra normativa interna, el tenor literal del art. 5.1 LPI deja claro que solo puede ser autor una personal natural, es decir, se descarta de forma absoluta que una IA pueda ostentar tal consideración en tanto que, tal y como se dispone en los arts. 29 y 30 del Código Civil, es el nacimiento el que determina la «personalidad», siendo esta adquirida en dicho momento, una vez producido el entero desprendimiento del seno materno. Sin embargo, esta aseveración tan categórica a la hora de descartar la autoría de la IA puede no ser tan definitiva. En este sentido, el art. 97.1 LPI, encuadrado dentro del Título VII de la ley —reservado para los programas de ordenador—, prevé la posibilidad de que una persona jurídica tenga la condición de autor. Es decir, nuestro legislador no desecha totalmente la posibilidad de que, en ciertas condiciones, una persona no natural pueda ostentar la autoría de cierto tipo de obras. En consecuencia, no debemos cerrar a la posibilidad de que, en un futuro, el planteamiento de una reforma normativa en ese sentido empiece a cuajar dentro de la propia sociedad y el legislador se abra a explorar tal propuesta. Por si fuera poco, del estudio de la normativa internacional y comunitaria se desprende claramente la falta de límites al tipo de persona que puede ser autor.[31] Tal vez, lo que antes parecía una hipótesis extravagante empiece a resultar verosímil.

No obstante, el punto de imprecisión en esta propuesta se encuentra en la necesidad de una 'persona' —natural o jurídica— que pueda ostentar la condición de autor. De este modo, aunque el legislativo haya admitido la situación de que una empresa pueda ser considerada autora de una obra, transigir en esta cuestión fue una decisión más amable de lo que sería hacerlo con una IA, en tanto la existencia de una personalidad jurídica que permita a una empresa

---

31 Ni en el Convenio de Berna para la Protección de las Obras Literarias y Artísticas (Acta de París, de 24 de julio de 1971), ni el Tratado de la OMPI sobre Derecho de Autor de 1996, ni en las principales Directivas de la UE en dicha materia (96/9/CE de 11 de marzo, 2001/29/CE de 22 de mayo, 2006/115/CE de 12 de diciembre y 2019/790 de 17 de abril de 2019, entre otras), recogen impedimento alguno en este sentido.

ser titular de los derechos, posibilita el mantenimiento de la redacción del art. 1 LPI en los términos actuales y no requiere una modificación de la norma. Y es que permitir este aspecto no puede equiparse a poder admitir a una IA como autor, en tanto esta carece de personalidad jurídica, con lo que en ningún caso podría ser titular de los derechos, vaciando de contenido, nada más y nada menos, que el primer precepto de la Ley.

Por tanto, proceder a reconocer la autoría a las IA, requeriría dotar a las mismas de personalidad jurídica y capacidad de obrar, necesarias para facultarlas con tales derechos y poder ejercer los mismos ante las instancias competentes. Esto supone un problema ya que, hoy en día, cuesta vislumbrar un escenario donde este tipo de *software* tenga una capacidad jurídica equivalente a la de ser humano por las implicaciones que tendría en nuestra sociedad: ¿se imaginan una IA con capacidad de sufragio activo o la posibilidad adquirir bienes? Desde luego, resulta un escenario un tanto perturbador con la vista puesta en la actualidad, más si tenemos en cuenta que se trata de una tecnología que acaba de despegar y que precisa de la intervención humana para poder realizar cualquier acción, careciendo en definitiva de autonomía.[32]

En cualquier caso, y en tanto —actualmente— solo la legislación nacional ofrece obstáculos expresos a la autoría por parte de una IA, se debe dejar patente que este inconveniente no supone que, por tal hecho, una obra elaborada por un *software* no pueda beneficiarse de la tutela que nuestro ordenamiento jurídico, ya que, con independencia de quién fuera finalmente reconocido como autor, la obra sería plenamente susceptible de ser protegida si reuniera los requisitos del art. 10.1 LPI. Vamos por tanto con la segunda cuestión planteada, que no es otra que la que gira en torno a la originalidad de una obra generada por una IA.

---

32   Indica Veiga Copo que, si bien actualmente no puede asegurarse que la inteligencia artificial sea absoluta y completamente independiente y autónoma de la intervención humana, esta lo será y en un breve espacio temporal, lo que supone dilucidar y clarificar la imputación de los derechos de autor sabiendo que el paradigma, tal y como ha sido hasta ahora, cambia. Veiga Copo, A. B., *Derecho del arte y revolución digital. Creatividad, autenticidad, originalidad y seguridad*, Civitas, Cizur Menor (Navarra), 2023, p. 31.

No vamos a reiterarnos en aspectos ya de sobra tratados a lo largo de todo este trabajo, pero huelga decir que, desde el punto de vista objetivo, la capacidad de una IA de producir una novedad es considerablemente superior a la de un ser humano, pudiendo cotejar con una rapidez mucho mayor otros trabajos, a fin de encontrar aquellos aspectos aún sin explorar o generar esa variación distinguible respecto a obras previamente creadas. Igualmente, fuera de toda duda está la altura creativa necesaria para ser susceptible de protección sus creaciones conforme a los estándares fijados por la jurisprudencia, habiéndose amparado trabajos más sencillos y simples previamente sin ningún problema.

A nuestro juicio, y tomando como punto de referencia lo que entiende la jurisprudencia por originalidad y altura creativa, ni la creatividad de la IA ni la originalidad de sus trabajos son feudatarias de los seres humanos. Si bien es cierto que su autonomía e independencia siguen siendo incompletas por requerir —hasta hoy— la supervisión y la responsabilidad de una persona natural, la participación humana se limita a observar y revisar el trabajo final, pero no interviene durante la confección, cuyo proceso corresponde íntegramente al programa. De igual forma, el trabajo del programador consiste en dar forma al código fuente de este, marcando las pautas que utilizará durante el desarrollo de la tarea, pero en ningún caso participa durante la ejecución de los mecanismos que derivan en la producción de la obra. De esta forma, nadie atribuiría al profesor que controla y da instrucciones a un alumno el trabajo que este elabora durante una de sus clases.

Dicho esto, debemos acudir a lo que, según nuestras convicciones, tendrá una mayor importancia en torno a las obras generadas mediante IA. Así, mientras el método objetivo creemos que no permite evaluar y determinar la autoría con suficientes garantías en el caso de que esta haya sido producida mediante *software*, en nuestra opinión la visión subjetiva (¿es la IA un sujeto?) sí puede permitir valorar con mayor precisión esta cuestión, a través del estudio de la singularidad, como señal de identidad o sello del 'autor'.

En nuestra opinión, la solución a este galimatías solo tiene un desenlace plausible, el cual no contemplamos por gusto, sino por realista: la política. Nadie es ajeno a que la decisión final se va a tomar en las Cortes Generales,[33] las cuales determinarán el rumbo a tomar. Sin embargo, nos mostramos escépticos de que esta se adopte únicamente en los debates que se produzcan en el seno de dicha institución. Y es que en juego se encuentra un pastel demasiado goloso y abundante en el que mucha gente va a querer participar. Debemos ser conscientes que el desarrollo de una IA es una actividad realmente cara, que moviliza numerosos empleos de alta cualificación y cuantiosas inversiones económicas, aspectos con alto atractivo para cualquier mandatario nacional, regional o local, deseoso de que sea su circunscripción la agraciada con semejante premio.

Los grupos de presión interesados mostrarán sus preocupaciones y preferencias a un poder que no ha tenido problemas anteriormente en adecuar la legislación para proteger el capital de los inversores (como en el caso de los programas de ordenador o del derecho *sui generis* de las bases de datos), lo que nos anticipa que

---

33 En el caso de España, la propiedad intelectual es una competencia exclusiva del Estado conforme al art. 149.1.9.º de la Constitución.

la cuestión pecuniaria va a suponer, probablemente, la base sobre la que pivote la decisión de cómo articular los derechos de autor en torno al paradigma de la IA.

Planteaba el célebre psicólogo Frederic Burrhus Skinner que el problema no era si las máquinas pensaban, sino si lo hacían los humanos. Nosotros nos planteamos si un gobernante, cuando se enfrenta a cuestiones de tal relevancia, realmente piensa o prefiere que otros lo hagan por él.

∽

ESTA EDICIÓN DE «OBSERVA-
CIÓN DE LO GENUINO. LA IDEA
DEL AUTOR LITERARIO. ENTRE
LO LEGAL Y LO ESTÉTICO», DE
DANIEL CABAÑEROS MARTÍNEZ
Y DAVID MALLO MONTORO,
DECIMOQUINTO TÍTULO DE LA
COLECCIÓN URSA MINOR, DE
LOS EDITORES DESCABEZADOS, SE
DIO A IMPRENTA EN ABRIL DE
2025. VALE.